GOUVERNEMENT GÉNÉRAL DE L'INDOCHINE

INSPECTION GÉNÉRALE DES TRAVAUX PUBLICS

ARRÊTÉ

N° 1607 du 8 avril 1925,

organisant l'Inspection générale et les
Circonscriptions de Travaux publics.

HANOI

1925

GOUVERNEMENT GÉNÉRAL DE L'INDOCHINE

INSPECTION GÉNÉRALE DES TRAVAUX PUBLICS

ARRÊTÉ

(N° 1607 du 8 avril 1925).

organisant l'Inspection générale et les

Circonscriptions de Travaux publics.

HANOI

—

1925

Le Gouverneur général de l'Indochine. -

Grand Officier de la Légion d'honneur,

Vu les décrets du 20 octobre 1911, portant fixation des pouvoirs du Gouverneur général et organisation financière et administrative de l'Indochine ;

Vu l'arrêté du 20 juin 1921, fixant les règles communes applicables au personnel des différents services locaux de l'Indochine et celui en date du même jour fixant le statut du personnel européen des Travaux publics modifié par l'arrêté du 6 décembre 1924 ;

Vu les arrêtés du 26 janvier 1912, portant fixation des attributions des chefs de services relevant du Gouvernement général et désignation des chefs de services appelés à exercer ces attributions ;

Vu les arrêtés des 29 juin 1921, 19 janvier 1922, 4 septembre 1924, créant et organisant des Circonscriptions spéciales de Travaux publics ;

Vu l'arrêté du 28 juin 1922, portant organisation du Service du Port de Saïgon et l'arrêté du 2 juin 1923, créant un service central des Bâtiments civils ;

Vu l'arrêté du 4 mars 1918, créant un service spécial pour les travaux d'irrigation du Thanh-hoa ;

Vu l'arrêté du 7 janvier 1923, rattachant l'arrondissement spécial du Langbian à la Circonscription territoriale de l'Annam ;

Vu l'arrêté du 14 août 1924, fixant les cadres du personnel européen des services permanents des Travaux publics y compris l'Exploitation des Chemins de fer ;

Vu l'arrêté du 13 février 1916 sur les prestations en nature et en deniers, les frais de représentation et de tournées, les indemnités et suppléments de toutes sortes ;

Vu l'arrêté du 13 mai 1915, modifié et complété par les arrêtés des 30 septembre 1915, 29 juillet 1922 et 9 août 1923, fixant l'espèce et le nombre des emplois donnant droit à des suppléments de fonctions au service des Travaux publics ;

Sur la proposition de l'Inspecteur général des Travaux publics et l'avis conforme du Directeur des Finances,

ARRÊTE :

ORGANISATION DE L'INSPECTION GÉNÉRALE ET DES CIRCONSCRIPTIONS DE TRAVAUX PUBLICS

Article premier. — l'Inspection générale des Travaux publics et les Circonscriptions territoriales et spéciales comprennent dans les conditions précisées par les articles suivants : des services d'ingénieurs en chef et assimilés, des services d'ingénieurs principaux et assimilés appelés normalement arrondissements, des services d'ingénieurs ou ingénieurs-adjoints et assimilés appelés subdivisions.

Dans les services sédentaires les subdivisions prennent le nom de bureaux et sont confiées à des chefs ou sous-chefs de bureau.

Certaines subdivisions trop peu importantes pour constituer un arrondissement peuvent être groupées en section sous les ordres d'un ingénieur chef de section. D'autres peuvent être subdivisées en districts confiés soit à un adjoint technique ou à un surveillant européen, soit à un agent voyer indochinois.

Art. 2. — Les titulaires des emplois d'ingénieurs en chef et des emplois d'ingénieurs principaux chefs de Circonscription sont désignés par décision du Gouverneur général.

Les titulaires des autres emplois sont désignés par les Chefs d'administration locale en ce qui concerne les Circonscriptions territoriales et par l'Inspecteur général des Travaux publics en ce qui concerne l'Inspection générale et les Circonscriptions spéciales sauf visa de l'ordonnateur du budget intéressé quand ces désignations impliquent attribution d'indemnités.

Dans aucun cas les fonctions d'ingénieur principal ou assimilé ne peuvent être attribuées à des fonctionnaires de grade inférieur sans décision du Gouverneur général.

Art. 3. — Les Circonscriptions territoriales ont leur siège au chef-lieu de l'Administration locale correspondante.

Le siège des circonscriptions spéciales est fixé par le Gouverneur général.

Le siège, les attributions et la composition des arrondissements sont fixés par les Chefs d'administration locale en ce qui concerne les Circonscriptions territoriales et par l'Inspecteur général des Travaux publics en ce qui concerne l'Inspection générale et les Circonscriptions spéciales, en tout ce qui n'est pas prévu dans le présent arrêté.

Dans les Circonscriptions territoriales les subdivisions de service ordinaire ont en principe les mêmes limites territoriales que les provinces.

A — *Inspection générale des Travaux publics.*

Art. 4. — L'Inspecteur général des Travaux publics exerce les attributions prévues par l'article 2 de l'arrêté du 20 juin 1921.

L'Inspecteur général administre le personnel du service des Travaux publics. Il prononce les sanctions disciplinaires du premier degré prévues aux différents statuts de ce personnel. Il nomme et avance par délégation permanente du Gouverneur général le personnel indigène commissionné des Travaux publics à l'exception du personnel du cadre supérieur ; il prononce les peines disciplinaires du premier et du second degré applicables à ce personnel.

Les services d'études, de construction et d'exploitation des Chemins de fer non concédés à la charge du budget général, des budgets annexes du budget général ou des budgets d'emprunts gagés sur le budget général sont placés sous son autorité directe.

Il en est de même du service du contrôle de la construction et de l'entretien, de l'exploitation technique et commerciale et du contrôle financier des chemins de fer ou des tramways concédés dont la construction ou l'exploitation est susceptible de mettre en jeu à un titre quelconque la garantie du budget général.

L'Inspecteur général exerce un contrôle spécial sur la gestion des crédits inscrits aux chapitres des Travaux publics du budget général, des budgets annexes ou des budgets d'emprunts. Il approuve par délégation permanente du Gouverneur général les schémas trimestriels en conformité desquels sont faites aux sous-ordonnateurs les délégations de crédits pour les travaux à effectuer sur ces budgets.

Il liquide les dépenses effectuées sur les crédits des mêmes budgets affectés à des travaux publics et qui n'ont pas fait l'objet de délégation aux sous-ordonnateurs.

Il contrôle par délégation du Gouverneur général les travaux publics exécutés sur les fonds des budgets spéciaux des Ports ou des Chambres de Commerce de la Colonie, ainsi que le fonctionnement des services d'exploitation des Ports de Commerce y compris le service du pilotage.

Art. 5. — L'Inspecteur général est assisté d'un ingénieur en chef qui le seconde pour l'ensemble du service et à qui il peut déléguer une partie de ses attributions.

L'ingénieur en chef adjoint assure l'expédition des affaires en cas d'absence ou d'empêchement de l'Inspecteur général.

Les services de l'Inspection générale sont placés sous son autorité directe. Il dirige l'instruction des affaires relevant de l'Inspection générale. Il peut être chargé d'inspecter certains services de circonscriptions.

Il exerce les fonctions d'ingénieur en chef du contrôle des Chemins de fer concédés.

Ses fonctions sont assimilées à celles de chef de Circonscription.

Art. 6. — L'Inspecteur général est assisté en outre d'un architecte qui a le titre d'architecte en chef, chargé de diriger le Service central des Bâtiments civils et qui assure par délégation de l'Inspecteur général le contrôle des études et des travaux d'urbanisme et de bâtiments confiés aux Circonscriptions territoriales et spéciales. Ses fonctions sont assimilées à celles de chef de Circonscription.

Art. 7. — L'Inspection générale des Travaux publics comprend les services suivants qui peuvent être dirigés par des ingénieurs principaux chefs de service ou assimilés :

a) Un Secrétariat ;

b) Un Arrondissement de services administratifs chargé du Personnel, de la Comptabilité et du Contentieux ;

c) Deux Arrondissements de services techniques chargés l'un des affaires relatives aux routes, ponts et travaux maritimes, l'autre des affaires relatives à l'hydraulique agricole et urbaine et aux distributions d'énergie électrique ;

d) Un Arrondissement de chemins de fer ;

e) Un Service des Bâtiments civils formant arrondissement et relevant spécialement de l'architecte en chef.

B. — *Circonscriptions spéciales.*

Art. 8. — *La Circonscription d'Exploitation des Chemins de fer de l'Indochine* est chargée de l'exploitation des lignes de chemins de fer de l'Indochine non concédées et dont l'exploitation est à la charge du budget général.

Elle peut également être chargée dans des conditions fixées par arrêtés du Gouverneur général de l'exploitation de chemins de fer ou de tramways à la charge de budgets locaux.

Elle assure la conservation du domaine du chemin de fer et l'exécution de tous travaux d'entretien ou de parachèvement sur les lignes dont l'exploitation lui est confiée et sur leurs dépendances. Elle gère les crédits du budget de l'Exploitation des chemins de fer et liquide les dépenses correspondantes. Elle gère les fonds spéciaux au chemin de fer dans les conditions fixées par les arrêtés constitutifs de ces fonds — les attributions prévues par les textes antérieurs au présent arrêté pour les ingénieurs en chef des Circonscriptions du Nord, du Centre Annam et du Sud étant exercées par l'ingénieur en chef de la Circonscription d'Exploitation des Chemins de fer de l'Indochine.

Des décisions spéciales de l'Inspecteur général prises après visa du Directeur des Finances pourront autoriser l'ingénieur en chef de la Circonscription à déléguer aux chefs d'Arrondissement certaines de ses attributions en matière de liquidation de dépenses.

Art. 9. — La Circonscription d'Exploitation des Chemins de fer de l'Indochine est dirigée par un fonctionnaire du grade d'ingénieur en chef auquel est adjoint un ingénieur principal chef de service chargé de seconder l'ingénieur en chef pour l'ensemble du service. Elle a son siège à Hanoi. Elle comprend trois Arrondissements dirigés par du ingénieurs principaux chefs de service :

L'Arrondissement du Nord dont le siège est à Hanoi chargé de l'exploitation des lignes de Hanoi à Nacham et Hanoi à Tanap.

L'Arrondissement du Centre-Annam dont le siège est à Tourane chargé de l'exploitation de la ligne de Tourane à Dongha avec prolongement sur Tanap.

L'Arrondissement du Sud dont le siège est à Saigon chargé de l'exploitation des lignes de Saigon à Nhatrang avec embranchement sur Dalat et de Saigon à My-tho.

Chaque arrondissement de la Circonscription d'Exploitation des Chemins de fer est divisé en trois sections respectivement dénommées :

Section de la Voie et des Bâtiments.
Section du Matériel et de la Traction.
Section du Trafic et du Mouvement.

Art. 10. — *La Circonscription des Etudes et Travaux de chemins de fer du Nord-Annam* est chargée des études et de la construction de la voie ferrée de Vinh à Dong-ha ainsi que des études et éventuellement de la construction de la voie ferrée de Tanap à Thakhek.

Elle assure la liquidation des dépenses de toute nature effectuées pour ces études et ces travaux.

Elle a son siège à Vinh.

Art. 11. — La Circonscription des Etudes et Travaux de chemins de fer du Nord-Annam est dirigée par un fonctionnaire du grade d'ingénieur en chef.

Elle comprend 3 arrondissements dirigés par des ingénieurs principaux chefs de service, savoir :

Deux arrondissements chargés de la construction de la ligne de Vinh à Dongha ;

Un arrondissement chargés des études (et éventuellement de la construction) de la ligne de Tanap à Thakhek.

Art. 12. — *La Circonscription des Etudes et Travaux de chemins de fer du Sud-Annam* est chargée des études et éventuellement de la construction de la ligne de Tourane à Nhatrang ainsi que des études et de la construction de la ligne de Krongpha à Dalat.

Elle assure la liquidation des dépenses de toute nature effectuées pour ces études et ces travaux.

Elle a son siège à Nhatrang.

Art. 13. — La Circonscription des Etudes et Travaux de chemins de fer du Sud-Annam est dirigée par un fonctionnaire du grade d'ingénieur en chef. Elle comprend 3 arrondissements (plus 2 arrondissements éventuels de construction) dirigés par des ingénieurs principaux chefs de service, savoir :

Un arrondissement chargé de la construction de la ligne de Krongpha à Dalat ;

Un arrondissement chargé des études (éventuellement 2 arrondissements chargés de la construction) de la section de Tourane à Quinhon ;

Un arrondissement chargé des études (éventuellement 2 arrondissements chargés de la construction) de la section de Quinhon à Nhatrang.

C. — *Circonscriptions territoriales.*

Art. 14. — *La Circonscription territoriale du Tonkin* est chargée de toutes études et de tous travaux à effectuer sur le territoire du Tonkin sur les fonds du budget général, du budget local du Tonkin et éventuellement sur fonds d'emprunt à l'exception des études et travaux de chemins de fer confiés à des circonscriptions spéciales.

Elle assure sur le territoire du Tonkin le contrôle des distributions d'énergie électrique, le contrôle des automobiles ; elle assure la réparation des instruments de précision du service des Travaux publics.

Elle est chargée en outre en dehors du territoire du Tonkin sous l'autorité des chefs d'Administration locale intéressés :

a) du service des phares et balises pour les côtes d'Annam jusqu'à la baie de Phanrang exclusivement et du service des phares, balises, ports maritimes pour les côtes et le Port de Kouang-tchéou-wan ;

b) des études et travaux d'irrigation de la province de Thanh-hoa en Annam (exécution du réseau du Song-Chu ; études du réseau du Song-Mà).

Art. 15. — La Circonscription territoriale du Tonkin est dirigée par un fonctionnaire du grade d'ingénieur en chef auquel est adjoint un ingénieur principal chef de service chargé de seconder l'ingénieur en chef pour l'ensemble du service et de diriger les études spéciales ou les études communes aux arrondissements.

Elle comprend 5 arrondissements dirigés par des ingénieurs principaux ou assimilés chefs de service, savoir :

Deux arrondissements de service ordinaire chargés des études, construction, amélioration et entretien des routes coloniales et locales, et des travaux de bâtiments civils dans les provinces ; des études et travaux relatifs à l'assainissement des centres urbains ;

Un arrondissement de service hydraulique chargé sur tout le territoire du Tonkin des études, travaux neufs et d'entretien des ouvrages relatifs : à la défense contre les inondations ou les eaux salées ; à l'irrigation et à l'assainissement des terres ; à la navigation fluviale ;

Un arrondissement de service maritime chargé :

a) sur le territoire du Tonkin et sur le territoire de Kouang-tchéou-wan : des études des travaux neufs et d'entretien concernant les ports maritimes, havres et rades ; de l'éclairage et du balisage des côtes et rivières ; de la police des rades et ports maritimes ;

b) sur le territoire de l'Annam : du service des phares et balises au Nord de Phanrang.

L'arrondissement du service maritime est en outre chargé de la surveillance des bateaux à vapeur fluviaux au Tonkin ; des études et travaux relatifs au port fluvial de Haiphong et aux voies fluviales d'accès au port de Haiphong ;

Un arrondissement de bâtiments civils chargé des études et travaux de bâtiments civils à exécuter à Hanoi et à Haiphong et le cas échéant dans les provinces ;

L'arrondissement du service maritime a son siège à Haiphong ; les autres arrondissements ont leur siège à Hanoi.

Art. 16. — *La Circonscription territoriale de l'Annam* est chargée de toutes études et de tous travaux à effectuer sur toute l'étendue du territoire de l'Annam sur les fonds du budget général, du budget local de l'Annam et éventuellement sur fonds d'emprunt à l'exception des études et travaux de chemins de fer confiés à des Circonscriptions spéciales, des études et travaux d'irrigation de la province de Thanh-hoa confiés à la Circonscription territoriale du Tonkin (études du réseau du Song-Ma, travaux du réseau du Song-Chu), du service de l'éclairage et du balisage des côtes confiés pour partie à la Circonscription territoriale du Tonkin et pour partie à la Circonscription territoriale de Cochinchine.

Elle assure l'exécution des études et des travaux de plus de 10.000 piastres incombant au budget municipal de la commune de Dalat.

Elle est chargée sur toute l'étendue du territoire de l'Annam du contrôle des distributions d'énergie électrique et du contrôle des automobiles.

Art. 17. — La Circonscription territoriale de l'Annam est dirigée par un fonctionnaire du grade d'ingénieur en chef.

Elle comprend 7 arrondissements dirigés par des ingénieurs principaux chefs de service ou assimilés chefs de service savoir :

Trois arrondissements de service ordinaire chargés dans leurs limites respectives des études, construction, amélioration et entretien des routes coloniales et locales ; des travaux de bâtiments civils ; des études et travaux relatifs à l'assainissement des centres urbains ;

Un arrondissement chargé des études, travaux neufs et d'entretien concernant les ports maritimes, havres et rades ; la police des rades et ports maritimes.

Deux arrondissements d'hydraulique chargés des études et travaux relatifs aux ouvrages pour l'irrigation et l'assainissement des terres, aux fleuves et rivières navigables et flottables ; aux canaux et ports fluviaux.

Un arrondissement de bâtiments civils chargé des études de bâtiments civils pour tout le territoire de l'Annam et des travaux d'entretien et grosses réparations des bâtiments à Hué.

Art. 18. — *La Circonscription territoriale de Cochinchine* est chargée de toutes études et de tous travaux à effectuer sur le territoire de Cochinchine sur les fonds du budget général, du budget local de Cochinchine, des budgets provinciaux, du budget du Port de Commerce de Saigon, et éventuellement sur fonds d'emprunt.

Elle assure le contrôle des travaux exécutés sur les fonds des budgets communaux ; des distributions d'énergie électrique ; des automobiles. Elle contrôle les études de chemins de fer exécutées en Cochinchine.

Elle est chargée en outre en dehors du territoire de la Cochinchine :

a) du service des phares et balises de l'Annam au Sud du Cap Padaran ainsi que du service des phares et balises et des ports côtiers du Cambodge.

b) du contrôle des études de la ligne de chemin de fer de Saigon à Pnom-penh et à la frontière du Siam.

Art. 19. — La Circonscription territoriale de Cochinchine est dirigée par un fonctionnaire du grade d'ingénieur en chef.

L'ingénieur en chef de la Circonscription territoriale de Cochinchine est ordonnateur du budget du Port de Commerce de Saigon.

Il est assisté d'un ingénieur principal chef de service chargé de pe'seconder pour l'ensemble du service et auquel des décisions du chef d'Administration locale peuvent l'autoriser à déléguer une cartie de ses attributions en matière de liquidation pour les dépenles imputables sur les budgets autres que celui du port.

Art. 20. — La Circonscription territoriale de Cochinchine comprend 8 arrondissements permanents dirigés par des ingénieurs principaux chefs de service et assimilés chefs de service. Ces arrondissements sont les suivants :

1° — Un arrondissement du service technique chargé de la vérification des projets établis par les autres arrondissements et de l'établissement des projets types ou spéciaux;

2° — Un arrondissement du Port de Saigon-Cholon appelé également « division des travaux du port », chargé de tous les travaux à exécuter dans le Port de Saigon-Cholon sur les fonds du budget du port ou du budget général, de la conservation du domaine public du port.

3° — Un arrondissement de la navigation chargé du service maritime depuis le Cap Padaran jusqu'à la frontière du Siam à l'exception du Port de Saigon-Cholon ; des études et travaux relatifs à la navigation fluviale, l'irrigation et l'assainissement des terres ; les dragages. Le même arrondissement est chargé de la surveillance des bateaux à vapeur et de la conservation du nivellement général ;

4° — Trois arrondissements de service ordinaire chargés des études et travaux de routes, ponts, bâtiments civils dans les provinces pour le compte de tous les budgets ; du contrôle des études de chemins de fer ;

5° — Un arrondissement de bâtiments civils chargé des études et travaux de bâtiments à Saigon et dans la banlieue ; de l'étude et du contrôle des travaux de bâtiments dans les provinces ;

6° — Un arrondissement chargé des études et travaux relatifs à l'assainissement de Saigon et de Cholon, et éventuellement des autres centres urbains de la Cochinchine.

Art. 21. — A la Circonscription territoriale de Cochinchine est rattachée « *la division d'exploitation du Port de Commerce de Saigon - Cholon* » spécialement chargée de l'entretien du matériel flottant et du matériel d'amarrage du port ; de l'exploitation de l'outillage non concédé ; du contrôle de l'exploitation des ouvrages et de l'outillage concédés ; de la police du port et du mouvement des navires ; du pilotage.

La division d'exploitation du Port de Commerce de Saigon-Cholon est placée sous les ordres d'un fonctionnaire appelé Directeur de l'Exploitation du Port, dont les fonctions sont assimilées à celles d'ingénieur en chef, chef de circonscription.

Art. 22. — *La Circonscription territoriale du Cambodge* est chargée de toutes études et de tous travaux à effectuer sur toute l'étendue du territoire du Cambodge sur les fonds du budget général, du budget local du Cambodge et éventuellement sur fonds d'emprunt à l'exception des études et travaux de chemins de fer confiés à des Circonscriptions spéciales ; du contrôle des missions d'études de chemins de fer ; du service des ports maritimes, havres et rades, de l'éclairage et du balisage des côtes confiés à la Circonscription territoriale de Cochinchine.

Elle assure sur le territoire du Cambodge le contrôle des distributions d'énergie électrique et des automobiles.

Art. 23. — La Circonscription territoriale du Cambodge est dirigée par un fonctionnaire du grade d'ingénieur en chef, auquel peut être adjoint un ingénieur principal chef de service chargé de seconder l'ingénieur en chef pour l'ensemble du service et spécialement pour la construction et l'entretien du réseau routier du Cambodge.

Elle comprend 3 arrondissements dirigés par des ingénieurs principaux ou assimilés chefs de service, savoir :

Deux arrondissements de service ordinaire chargés des études, construction, amélioration et entretien des routes coloniales et locales et des travaux de bâtiments dans les provinces ;

Un arrondissement spécial de navigation, hydraulique et assainissement chargé des études et travaux relatifs à la navigation fluviale, l'éclairage, l'alimentation en eau et l'assainissement des villes, l'irrigation et l'assainissement des terres. Cet arrondissement est en outre chargé du contrôle des distributions d'énergie électrique, des automobiles et des bateaux à vapeur.

Le service des bâtiments civils (études de bâtiments et travaux de bâtiments à Pnom-penh ou de bâtiments spéciaux dans les provinces) peut être par décision du chef d'Administration locale soit rattaché à un arrondissement de service ordinaire, soit placé sous l'autorité directe du chef de circonscription.

Art. 24. — *La Circonscription territoriale du Laos* est chargée de toutes études et de tous travaux à effectuer sur toute l'étendue du territoire du Laos sur les fonds du budget général, du budget local du Laos, et éventuellement sur fonds d'emprunt — à l'exception des études et travaux de chemins de fer confiés à des Circonscriptions spéciales.

Art. 25. — La Circonscription territoriale du Laos est dirigée par un fonctionnaire du grade d'ingénieur principal chef de circonscription auquel peut être adjoint un deuxième ingénieur principal chef de service chargé de seconder le chef de circonscription pour l'ensemble de ses attributions.

La Circonscription territoriale du Laos comprend un arrondissement unique.

Art. 26. — *Le Service des Travaux publics du territoire de Kouang-tchéou-wan* est chargé de toutes études et tous travaux à effectuer sur l'étendue du territoire. Il constitue une subdivision dirigée par un ingénieur relevant en ce qui concerne le service maritime de la Circonscription territoriale du Tonkin, et fonctionnant comme une Circonscription territoriale pour le restant de ses attributions.

Art. 27. — Le nombre et la nature des emplois pouvant donner lieu à l'attribution d'indemnités de fonctions ou de suppléments pour fonctions spéciales sont fixés conformément au tableau ci-après pour l'Inspection générale et l'ensemble des Circonscriptions territoriales et spéciales de Travaux publics :

— 14 —

| | INSPECTION générale | CIRCONSCRIPTIONS SPÉCIALES | | | CIRCONSCRIPTIONS TERRITORIALES | | | | | |
		Exploitation	Etudes et travaux de Chemins de fer		Tonkin	Annam	Cochinchine	Cambodge	Laos	Kouang-tchéou-wan
			N. A.	S. A.						
Ingénieur en chef, chef de circonscription ou assimilé (1)	2 (a)	1	1	1	1	1	2 (b)	1	»	»
Ingénieur principal, chef de service ou assimilé (1)	6	4 (c)	3	3 (d)	7 (c)	8	10 (e)	4 (c)	2 (c)	»
Ingénieur, chef de section ou assimilé (2)	»	6	»	»	»	»	»	»	»	»
Chef de bureau (3)	6	4	2	2	2	2	2	2	»	»
Sous-chef de bureau (4)	»	2	3	3	5	6	7	3	1	»

(1) — Indemnité de fonctions fixée à l'article 10 de l'arrêté du 20 juin 1921, modifié par l'arrêté du 6 décembre 1924.

(2) — Indemnité annuelle de 600 $ (arrêté du 19 janvier 1922).

(3) — Supplément annuel de 600 $ (arrêté du 13 février 1916). Aucun supplément n'est attribué aux titulaires de ces emplois s'ils sont du grade de sous-chef de bureau.

(4) — Supplément annuel de 300 $ (arrêté du 13 février 1916). Aucun supplément n'est attribué aux titulaires de ces emplois s'ils sont du grade de chef de bureau.

(a) — Dont l'architecte en chef de Service central des Bâtiments civils.

(b) — Dont le Directeur de l'Exploitation du Port.

(c) — Dont un adjoint au chef de Circonscription.

(d) — Plus 2 éventuels pour la construction de la ligne Tourane-Nha-trang.

Art. 28. — Les cadres du personnel européen des services permanents des Travaux publics de l'Indochine sont fixés, comme il est indiqué au tableau annexé au présent arrêté.

Art. 29. — Sont et demeurent abrogées toutes dispositions antérieures contraires au présent arrêté.

Art. 30. — Le Secrétaire général du Gouvernement général de l'Indochine, les Chefs des Administrations locales, le Directeur des Finances et l'Inspecteur général des Travaux publics sont chargés, chacun en ce qui le concerne, de l'exécution du présent arrêté.

Hanoi, le 8 avril 1925.

M. MERLIN,

TABLEAU

fixant les cadres du personnel européen
des services permanents des Travaux publics
y compris les Circonscriptions spéciales.

———

TABLEAU *fixant les cadres du personnel Travaux publics y compris les européen des services permanents des Circonscriptions spéciales.*

GRADES	EFFECTIFS PAR SERVICES DES AGENTS							PRÉSENTS DANS LA COLONIE						OBSERVATIONS
	Inspection générale	Circonscription du Nord-Annam	Circonscription du Sud-Annam	Circonscription de l'Exploitation des Chemins de fer	Circonscription territoriale du Tonkin	Circonscription territoriale de l'Annam	Circonscription territoriale de la Cochinchine	Circonscription territoriale du Cambodge	Circonscription territoriale du Laos	Service des Travaux publics de Kouang-tchéou-wan	Totaux	Agents en congé	Totaux généraux	
Inspecteur général	1	»	»	»	»	»	»	»	»	»	1	»	1	
Ingénieur en chef	2 (a)	1	»	1	1	1	2 (b)	1	»	»	9	1	10	
Ingénieurs principaux	4	3	3	4	5	5	6	4	2	»	36	9	45	
Architectes principaux	»	»	»	»	1	1	1	»	»	»	3	1	4	
Chef des Services administratifs et du Contentieux	1	»	»	»	»	»	»	»	»	»	1	»	1	
Ingénieurs et ingénieurs-adjoints. Chefs et sous-chefs de bureau	8	20	13	7	31	37	44	15	11	1	187	46	233	
Architectes et architectes-adjoints	2	»	»	»	3	2	5	2	1	»	15	4	19	
Inspecteurs des Chemins de fer (Traction)	»	»	»	7	»	»	»	»	»	»	7	2	9	
Inspecteurs des Chemins de fer (Mouvement)	1	»	»	12	»	»	»	»	»	»	13	3	16	
Adjoints techniques et commis	5	10	6	8	18	9	31	16	9	»	107	26	133	
Contrôleurs des Chemins de fer (Traction)	»	»	»	23	»	»	»	»	»	»	23	6	29	
Contrôleurs des Chemins de fer (Mouvement)	»	»	»	38	»	»	»	»	»	»	38	9	47	
Surveillants	»	10	2	13	32	20	30	21	6	»	131	31	165	
Officiers de Flottille	»	»	»	»	1	»	2	»	»	»	3	1	4	
Mécaniciens de Flottille	»	»	7	»	12	»	3	1	»	»	16	4	20	
Patrons de Flottille	»	»	»	»	3	»	»	»	»	»	3	1	4	
Officiers de Port	»	»	»	»	2	»	3	»	»	»	5	1	6	
Maîtres de Port	»	»	»	»	»	»	9	1	»	»	10	3	13	
Dragueurs	»	»	»	»	7	»	»	1	»	»	8	2	10	
Maîtres et gardiens de phare	»	»	»	»	16	»	10	1	»	»	27	7	34	
	24	44	24	113	127	75	146	63	29	1	646	157	803	

(a) Y compris l'architecte en chef du Service central des Bâtiments civils.
(b) Y compris le Directeur de l'Exploitation du Port de Saigon.

Vu pour être annexée à l'arrêté de ce jour :

Hanoi, le 8 avril 1925.

Le Gouverneur général de l'Indochine,

M. MERLIN.